Este es un libro hermoso que enseña verdades maravillosas acerca del privilegio de la oración. Nancy Guthrie escribe de tal manera que las ideas complejas son accesibles incluso para lectores jóvenes. Este libro será atesorado por aquellos padres que desean ayudar a sus hijos a hablar con su Padre celestial. ¡Me emociona usarlo con mis nietos!

ALISTAIR BEGG, PASTOR PRINCIPAL, PARKSIDE CHURCH, CLEVELAND

Lo que todo niño debe saber acerca de la oración es un libro encantador con tanto ilustraciones cálidas y atractivas como pautas útiles sobre cómo conversar con Dios. Nancy Guthrie invita a los niños a orar al enseñarles verdades sobre la oración, compartirles historias de personas que oraron y ofrecerles oraciones que ellos mismos pueden usar. ¡Este libro es un recurso maravilloso tanto para los niños como para sus padres!

MELISSA KRUGER, AUTORA DE *WALKING WITH GOD IN THE SEASON OF MOTHERHOOD*

LO QUE TODO NIÑO *debe* SABER ACERCA DE LA ORACIÓN

LO QUE TODO NIÑO *debe* SABER ACERCA DE LA ORACIÓN

ESCRITO POR NANCY GUTHRIE
ILUSTRADO POR JENNY BRAKE

Tyndale House Publishers
Carol Stream, Illinois, EE. UU.

Visita Tyndale para niños: Tyndale.com/kids.

Tyndale Español, Tyndale y el logotipo de la pluma son marcas registradas de Tyndale House Ministries, registradas en los Estados Unidos de América. El logotipo de Tyndale Niños y el logotipo de Tyndale Kids son marcas de Tyndale House Ministries.

Lo que todo niño debe saber acerca de la oración

Originalmente publicado en inglés en el 2018 como *What Every Child Should Know About Prayer* por 10Publishing con ISBN 978-1-9112-7287-8.

Diseño en inglés: Diane Warners

Diseño en español: Jacqueline L. Nuñez

Traducción al español: Belmonte Traductores | BelmonteTraductores.com

Edición en español: Sam Michelle Kopterski

Para información sobre la fabricación de este producto, favor de llamar al 1-855-277-9400.

Para información acerca de descuentos especiales para compras al por mayor, por favor contacte a Tyndale House Publishers a través de espanol@tyndale.com.

ISBN 979-8-4005-1058-8

Impreso en China
Printed in China

32 31 30 29 28 27 26
7 6 5 4 3 2 1

CONTENIDO

DIOS QUIERE QUE HABLEMOS CON ÉL

LA ORACIÓN ES MÁS QUE PEDIRLE COSAS A DIOS

EL PUEBLO DE DIOS SIEMPRE HA ORADO

LOS SALMOS NOS DAN PALABRAS PARA ORAR

JESÚS NOS ENSEÑA A ORAR

¡OREMOS!

DIOS QUIERE QUE HABLEMOS CON ÉL

HABLAMOS CON DIOS A TRAVÉS DE LA ORACIÓN

Compartimos la vida con personas a nuestro alrededor al hablar con ellas de cosas que nos importan a nosotros y a ellas. Del mismo modo, compartimos la vida con Dios al hablar con él de cosas que nos importan a nosotros y a él. Aunque no podemos ver a Dios, podemos hablar con él a través de la oración.

«Los ojos del Señor están sobre los que hacen lo bueno y sus oídos están abiertos a sus oraciones».

1 PEDRO 3:12

PUEDO ORAR...

Gracias, Dios, por querer que hable contigo.

DIOS NOS ESCUCHA CUANDO ORAMOS

Dios puede escucharnos tanto cuando expresamos nuestras oraciones en voz alta como cuando le hablamos desde el corazón. Ya sea que oremos en voz alta o como un susurro, puede ayudarnos el fijar nuestra mente en lo que queremos decirle a Dios.

Dios ha prometido escuchar las oraciones de todas las personas que le pertenecen.

«Amo al Señor porque escucha mi voz y mi oración que pide misericordia».

SALMO 116:1

PUEDO ORAR...

Te amo, Señor,
porque escuchas mis
oraciones.

PODEMOS HABLAR CON DIOS COMO HABLAMOS CON OTRAS PERSONAS

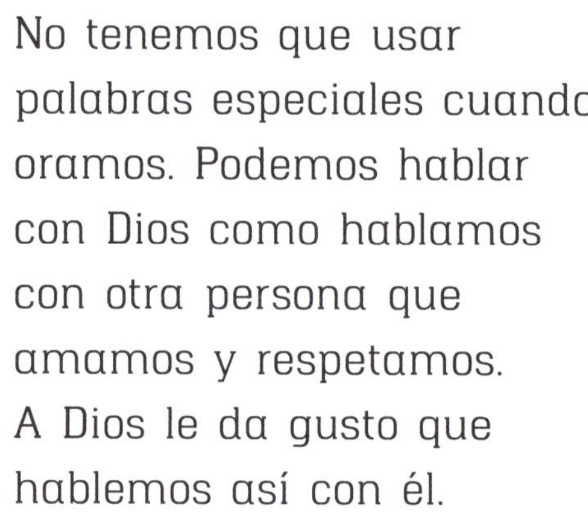

No tenemos que usar palabras especiales cuando oramos. Podemos hablar con Dios como hablamos con otra persona que amamos y respetamos. A Dios le da gusto que hablemos así con él.

Pero una palabra especial que a veces decimos al final de nuestra oración es «amén». Decimos «amén» para mostrar que creemos que Dios ha escuchado nuestra oración y que responderá a su manera perfecta. También decimos «amén» cuando otras personas terminan una oración para mostrar que estamos de acuerdo con lo que oraron.

«Cuando ores, no parlotees de manera interminable [...] porque tu Padre sabe exactamente lo que necesitas, incluso antes de que se lo pidas».

MATEO 6:7-8

PUEDO ORAR...

Me encanta hablar contigo, Dios, al igual que hablo con mis amigos y familiares.

PODEMOS USAR NUESTROS CUERPOS PARA AYUDARNOS A ORAR

Podemos orar con los ojos bien cerrados o con los ojos bien abiertos. Orar con los ojos cerrados puede ayudarnos a concentrarnos en Dios. Podemos tener las manos juntas o levantadas, o podemos estar de la mano con otra persona.

Podemos inclinar la cabeza o mirar al cielo. Podemos estar de pie o arrodillarnos en el piso o sentarnos en una silla. Lo que más importa es que nuestras mentes estén fijas en Dios y que nuestros corazones amen a Dios.

«Te alabaré mientras viva; a ti levantaré mis manos en oración».

SALMO 63:4

PREGUNTA:

¿Qué puedes hacer con tu cuerpo para ayudarte a concentrarte en Dios cuando oras?

PODEMOS ORAR EN CUALQUIER LUGAR

Podemos orar con otras personas o a solas. Podemos orar en la mesa o en el auto. Podemos orar mientras nos cepillamos los dientes o tendemos la cama. Podemos orar entre una multitud o cuando estamos solos en nuestro cuarto.

A Dios le gusta mucho que hablemos con él en secreto. Y no le gusta que intentemos impresionar a otras personas con nuestras oraciones.

«Pero tú, cuando ores, apártate a solas, cierra la puerta detrás de ti y ora a tu Padre en privado. Entonces, tu Padre, quien todo lo ve, te recompensará».

MATEO 6:6

PUEDO ORAR...

Dios, me hace feliz hablar contigo dondequiera que esté.

PODEMOS ORAR POR TODO

Dios quiere que hablemos con él acerca de todo. Quiere que hablemos con él sobre las cosas que nos hacen sentir miedo y sobre las cosas que nos hacen sentirnos felices.

Quiere que le digamos lo que necesitamos y que le demos las gracias por todo lo que él ha hecho por nosotros. Nada es demasiado pequeño o demasiado grande como para hablar con Dios de ello en oración.

«No se preocupen por nada; en cambio, oren por todo. Díganle a Dios lo que necesitan y denle gracias por todo lo que él ha hecho».

FILIPENSES 4:6

PREGUNTA:

¿De qué cosas te gustaría hablar con Dios?

DIOS NOS INVITA A ORARLE COMO NUESTRO PADRE

Cuando oramos, le oramos a Dios el Padre. La Biblia dice que podemos llamarlo «Abba», lo cual significa que nos acercamos a él como nuestro papi. Nuestro Dios es un papi bueno que ama a sus hijos. Su corazón se conmueve cuando sufrimos. Él se inclina para escucharnos cuando le pedimos ayuda.

Como Dios es un buen padre, hay veces en las que dice que «no» cuando le pedimos cosas que él sabe que no nos beneficiarían.

«Y debido a que somos sus hijos, Dios envió al Espíritu de su Hijo a nuestro corazón, el cual nos impulsa a exclamar "Abba, Padre"».

GÁLATAS 4:6

PREGUNTA:

¿Cuáles son algunos de los buenos regalos que Dios el Padre te ha dado?

JESÚS HACE QUE NUESTRAS ORACIONES AGRADEN A NUESTRO PADRE

Jesús es el único hijo de Dios que nunca pecó. Pero en la cruz, fue castigado por nuestros pecados. Dios puede escuchar nuestras oraciones porque Jesús tomó nuestro castigo por el pecado que alguna vez se interpuso entre Dios y nosotros.

¡Jesús está con el Padre en el cielo orando por nosotros ahorita! Le está diciendo al Padre lo que necesitamos. Le está pidiendo al Padre que nos acepte y nos cuide.

«Cristo Jesús murió por nosotros y resucitó por nosotros, y está sentado en el lugar de honor, a la derecha de Dios, e intercede por nosotros».

ROMANOS 8:34

PUEDO ORAR...

Gracias, Padre, por escuchar mis oraciones porque Jesús pagó por mi pecado en la cruz.

BIBLIA
BIBLIA

EL ESPÍRITU SANTO NOS AYUDA A ORAR

Cuando no sabemos cómo orar, el Espíritu Santo nos ayuda. Nos ayuda a entender la Biblia para que sepamos qué quiere Dios. Nos revela los pecados que necesitamos confesar y las maneras en las que tenemos que cambiar. Cuando se nos olvida orar o nos quedamos dormidos al orar, podemos estar seguros de que al Espíritu Santo no se le ha olvidado, ni se ha quedado dormido. Él está orando por nosotros en este momento.

«El Espíritu Santo nos ayuda en nuestra debilidad. Por ejemplo, nosotros no sabemos qué quiere Dios que le pidamos en oración, pero el Espíritu Santo ora por nosotros con gemidos que no pueden expresarse con palabras».

ROMANOS 8:26

PUEDO ORAR...

Padre, gracias por el Espíritu Santo, quien me ayuda a orar cuando no sé qué decir.

LA ORACIÓN ES MÁS QUE PEDIRLE COSAS A DIOS

LE DECIMOS A DIOS QUE LO NECESITAMOS

Dios quiere que le digamos que lo necesitamos. Él quiere que le digamos que sabemos que hemos pecado. Cuando le pedimos perdón, él nos lo da. Él envía al Espíritu Santo para unirnos a Jesús. Entonces comenzamos una nueva vida que nunca terminará.

«Todo el que pertenece a Cristo se ha convertido en una persona nueva. La vida antigua ha pasado; ¡una nueva vida ha comenzado!».

2 CORINTIOS 5:17

PUEDO ORAR...

Padre, perdóname por las cosas malas que he hecho. Por favor, dame nueva vida en Jesús. ¡Te necesito!

ALABAMOS A DIOS POR QUIÉN ÉL ES

Cuando tenemos esta nueva vida, podemos ver cosas acerca de Dios que merecen nuestra alabanza. ¡Queremos alabarlo! Y Dios quiere que lo alabemos. La Biblia nos ayuda a saber todas las cosas acerca de Dios que son dignas de nuestra alabanza.

«Alabaré al Señor en todo tiempo; a cada momento pronunciaré sus alabanzas».

SALMO 34:1

PUEDO ORAR...

Dios, te alabo como Creador. ¡Has hecho un mundo tan hermoso para que yo viva en él! Dios, te alabo como Rescatador. ¡Tú salvas a todo el que te pide misericordia! Dios, te alabo por tu justicia. ¡Tú siempre haces lo correcto!

LE DAMOS GRACIAS A DIOS POR LO QUE HA HECHO

Cuando tenemos esta nueva vida, podemos ver las cosas buenas que Dios ha hecho por nosotros y los buenos regalos que nos ha dado. Él llena nuestras vidas de alegría y de paz y de esperanza. Él nos da todo lo que necesitamos. ¡Eso nos hace querer darle las gracias!

«Ya que todo lo que Dios creó es bueno, no deberíamos rechazar nada, sino recibirlo con gratitud».

1 TIMOTEO 4:4

PUEDO ORAR...

Dios, gracias por traer a mi vida personas que me cuidan.
Dios, gracias por la comida que puedo comer, porque sé que todo lo bueno viene de ti.
Dios, gracias por enviar a Jesús al mundo para que yo pueda conocerte.

LE CONFESAMOS A DIOS LO QUE HEMOS HECHO

Aunque tenemos nueva vida, seguimos pecando. Pero sabemos que Dios nos perdonará cuando le confesamos nuestros pecados.

Siempre podemos decirle a Dios la verdad acerca de las cosas en nuestras vidas que no le agradan. ¡Él de todos modos ya lo sabe todo!

«Pero si confesamos nuestros pecados a Dios, él es fiel y justo para perdonarnos nuestros pecados y limpiarnos de toda maldad».

1 JUAN 1:9

PUEDO ORAR...

Dios, confieso que a veces siento celos de las cosas que tienen mis amigos y que yo no tengo. Por favor, perdóname y ayúdame a estar contento con lo que tú me provees. Dios, confieso que no siempre he obedecido a mis padres. Por favor, perdóname y dame un corazón que quiera agradarte al obedecerlos.

LE PEDIMOS A DIOS LO QUE NECESITAMOS

Dios sabe lo que necesitamos incluso antes de que se lo pidamos, pero le gusta que se lo pidamos. Quiere que dependamos de él para recibir la provisión que necesitamos.

Él nos invita a pedirle que haga lo que ha prometido hacer. Quiere que le pidamos que cuide de otras personas también.

«Les responderé antes que me llamen. Cuando aún estén hablando de lo que necesiten, ¡me adelantaré y responderé a sus oraciones!».
ISAÍAS 65:24

PUEDO ORAR...

Dios, por favor, provéele a mi familia todo lo que necesitamos hoy.
Dios, por favor, ayúdame a perdonar al amigo que hirió mis sentimientos.
Dios, por favor, ayuda a mi amigo que no te conoce a poner su confianza en ti.
Dios, por favor, sana a mi amigo que está enfermo.

LE DECIMOS A DIOS CÓMO NOS SENTIMOS

Dios quiere que compartamos todo con él. Así que, cuando estamos tristes, podemos contárselo todo. Y cuando estamos contentos, también podemos contárselo.

Lo mejor de contarle a Dios cómo nos sentimos es que ¡hablar con Dios puede cambiar nuestros sentimientos! Cuando le decimos que tenemos miedo, él nos ayuda a confiar en él. Cuando le decimos que él parece estar muy lejos, él nos ayuda a saber que está cerca.

«Aun cuando yo pase por el valle más oscuro, no temeré, porque tú estás a mi lado».
SALMO 23:4

PUEDO ORAR...

Dios, me alegra tanto saber que puedo ser sincero contigo sobre cómo me siento en verdad.

EL PUEBLO DE DIOS SIEMPRE HA ORADO

MOISÉS PIDIÓ VER LA GLORIA DE DIOS

Moisés ya sabía mucho sobre Dios, pero quería conocer más a Dios. Así que, Moisés oró:

«Te suplico que me muestres tu gloriosa presencia».
ÉXODO 33:18

Moisés quería ver la gloria de Dios. Así que Dios ocultó a Moisés tras una roca y pasó por su lado para que Moisés pudiera ver un destello de la bondad de Dios. Cuando oramos y le pedimos a Dios que nos muestre su gloria, él nos señala a Jesús.

«Entonces la Palabra [Jesús] se hizo hombre y vino a vivir entre nosotros. Estaba lleno de amor inagotable y fidelidad. Y hemos visto su gloria, la gloria del único Hijo del Padre».
JUAN 1:14

PUEDO ORAR…

Dios, gracias por mostrarle al mundo tu gloria al enviar a Jesús.

DAVID PIDIÓ UN CORAZÓN LIMPIO

David era un gran rey. Pero hizo una cosa terrible. Como amaba a Dios, aborreció ese pecado que se había interpuesto entre Dios y él. Así que, David oró:

«Borra la mancha de mis pecados. Lávame de la culpa hasta que quede limpio y purifícame de mis pecados».
SALMO 51:1-2

Podemos orarle esta misma oración a Dios cuando nos sentimos sucios por dentro y queremos que Dios nos limpie.

«Finalmente te confesé todos mis pecados y ya no intenté ocultar mi culpa. Me dije: "Le confesaré mis rebeliones al Señor", ¡y tú me perdonaste! Toda mi culpa desapareció».

SALMO 32:5

PUEDO ORAR...

Dios, lamento tanto haber pecado contra ti. Por favor, limpia mi corazón para que no vuelva a pecar del mismo modo.

SALOMÓN PIDIÓ SABIDURÍA

Salomón sabía que necesitaba la ayuda de Dios para ser la clase de rey que Dios quería para su pueblo. Así que, Salomón oró:

«Dame un corazón comprensivo para que pueda gobernar bien a tu pueblo, y sepa la diferencia entre el bien y el mal».

1 REYES 3:9

Salomón pidió la sabiduría que sabía que venía solo de Dios. ¡Esto le dio mucho gusto a Dios! Nosotros también necesitamos ayuda para saber qué está bien y qué está mal. Podemos orar y pedirle a Dios sabiduría también. Él nos dará la sabiduría que necesitamos para saber lo que a él le agrada.

«Si necesitan sabiduría, pídansela a nuestro generoso Dios, y él se la dará».

SANTIAGO 1:5

PUEDO ORAR...

Dios, por favor, ayúdame a saber lo que está bien y lo que está mal.

ISAÍAS SE OFRECIÓ PARA SER ENVIADO POR DIOS

En la época de Isaías, el pueblo de Dios ya no amaba a Dios. Le había dado la espalda. Pero Dios seguía amando a su pueblo. Dios le preguntó a Isaías un día: «¿A quién enviaré como mensajero a este pueblo?».

E Isaías respondió:

«Aquí estoy yo. Envíame a mí».
ISAÍAS 6:8

Isaías se ofreció a Dios para llamar a su pueblo a volver a él. Nosotros podemos orar y ofrecernos a Dios para llamar a los demás a volver a él también.

«Así que somos embajadores de Cristo; Dios hace su llamado por medio de nosotros. Hablamos en nombre de Cristo cuando les rogamos: "¡Vuelvan a Dios!"».
2 CORINTIOS 5:20

PUEDO ORAR...

Dios, ¡aquí estoy! Quiero que me envíes al mundo para llamar a las personas a acudir a ti.

MARÍA RECIBIÓ CON GUSTO LA VOLUNTAD DE DIOS EN SU VIDA

Un ángel se acercó a María y le dijo que ella iba a tener un bebé que sería el Salvador que Dios siempre había prometido. María oró:

«Soy la sierva del Señor. Que se cumpla todo lo que has dicho acerca de mí».

LUCAS 1:38

María le dijo a Dios que hiciera lo que quisiera hacer, porque ella sabía que Dios es bueno. Nosotros también podemos orar y recibir con gusto los planes de Dios para nuestras vidas.

«Sabemos que Dios hace que todas las cosas cooperen para el bien de quienes lo aman y son llamados según el propósito que él tiene para ellos».

ROMANOS 8:28

PUEDO ORAR...

Dios, te pertenezco a ti. Quiero hacer todo lo que tú me pidas que haga.

PABLO PIDIÓ QUE DIOS LE QUITARA SU DOLOR

Pablo había pasado por muchas cosas difíciles en su vida. Había sido golpeado y apedreado por hablarles a los demás la Buena Noticia de Jesús. Entonces le sucedió algo más a Pablo. Le causó tanto dolor que le rogó a Dios una y otra vez que se lo quitara.

Pero, en lugar de quitarle su dolor, Jesús prometió darle a Pablo todo lo que necesitaba para vivir con ese dolor. Jesús le dijo a Pablo:

«Mi gracia es todo lo que necesitas; mi poder actúa mejor en la debilidad».
2 CORINTIOS 12:9

Hay veces en las que oramos y le pedimos a Dios que sane lo que nos duele a nosotros o a alguien que amamos. Cuando él no quita el dolor, podemos estar seguros de que nos está proveyendo la gracia que necesitamos para soportar el dolor.

«Mediante su divino poder, Dios nos ha dado todo lo que necesitamos para llevar una vida de rectitud».
2 PEDRO 1:3

PUEDO ORAR...

Dios, creo que tú siempre me darás la gracia que necesito para soportar cosas difíciles.

LOS SALMOS NOS DAN PALABRAS PARA ORAR

LOS SALMOS NOS DAN PALABRAS PARA ORARLE A DIOS

Cuando leemos la Biblia, oímos la voz de Dios. En el libro de los Salmos, Dios nos da palabras que podemos usar para hablar con él. Los salmos nos enseñan cómo orar y alabar. Nos ayudan a ser sinceros con Dios sobre cómo nos sentimos y qué nos da miedo. Pero también nos ayudan a acudir a Dios y a confiar en Dios. Nos llenan de confianza en que Dios nos cuidará.

«Pero cada día el Señor derrama su amor inagotable sobre mí, y todas las noches entono sus cánticos y oro a Dios, quien me da vida».

SALMO 42:8

PUEDO ORAR...

Señor, quiero cantar tus cánticos. Ayúdame a aprender las palabras que me has dado en los salmos para así poder decírtelas a ti.

LOS SALMOS NOS AYUDAN A CONFIAR EN DIOS

CHIRRIDO

Todo el mundo tiene miedo a veces. Cuando sentimos temor, podemos orar usando las palabras de los salmos. Los salmos nos ayudan a recordar que tenemos un Dios fuerte que es capaz de mantenernos a salvo.

«En paz me acostaré y dormiré, porque solo tú, oh SEÑOR, me mantendrás a salvo».

SALMO 4:8

«Pero cuando tenga miedo, en ti pondré mi confianza».

SALMO 56:3

«Sé que el SEÑOR siempre está conmigo. No seré sacudido, porque él está aquí a mi lado».

SALMO 16:8

PUEDO ORAR...

Señor, solo tú me mantienes a salvo. Cuando tenga miedo, pondré mi confianza en ti.

LOS SALMOS NOS AYUDAN A PEDIRLE AYUDA A DIOS

Nuestro Dios es un Dios fuerte. Y le encanta ayudar a su pueblo. Los salmos nos ayudan a recordar pedirle ayuda a Dios y estar seguros de que nos ayudará.

«Levanto la vista hacia las montañas; ¿viene de allí mi ayuda?

¡Mi ayuda viene del Señor, quien hizo el cielo y la tierra!

Él no permitirá que tropieces; el que te cuida no se dormirá. [...]

El Señor te libra de todo mal y cuida tu vida.

El Señor te protege al entrar y al salir, ahora y para siempre».

SALMO 121:1-3, 7-8

PUEDO ORAR...

Señor, tú eres quien me ayuda. Tú siempre me estás cuidando.

LOS SALMOS NOS AYUDAN A DISFRUTAR A DIOS

A veces somos tentados a pensar que son solo las cosas de este mundo las que nos pueden hacer felices. Pero solo Dios puede hacernos felices para siempre. Cuando oramos los salmos, nos ayuda a sentir la alegría de tener al único Dios verdadero como nuestro Dios.

«Le dije al Señor: "¡Tú eres mi dueño! Todo lo bueno que tengo proviene de ti". [...]

Bendeciré al Señor, quien me guía; aun de noche mi corazón me enseña.

Sé que el Señor siempre está conmigo. No seré sacudido, porque él está aquí a mi lado.

Con razón mi corazón está contento y yo me alegro; mi cuerpo descansa seguro. [...]

Me mostrarás el camino de la vida; me concederás la alegría de tu presencia y el placer de vivir contigo para siempre».

SALMO 16:2, 7-9, 11

PUEDO ORAR...

Señor, todo lo bueno que tengo proviene de ti. Tú alegras mi corazón.

LOS SALMOS NOS AYUDAN A AMAR A DIOS

Cuando le decimos a alguien que lo amamos, se despierta en nosotros aún más amor por él. Y lo mismo pasa con Dios. Los salmos nos dan las palabras para decirle a Dios cuánto lo amamos. Orar los salmos ayuda a nuestros corazones a amar más a Dios.

«Te amo, Señor; tú eres mi fuerza.

El Señor es mi roca, mi fortaleza y mi salvador; mi Dios es mi roca, en quien encuentro protección.

Él es mi escudo, el poder que me salva y mi lugar seguro.

Clamé al Señor, quien es digno de alabanza, y me salvó de mis enemigos».

SALMO 18:1-3

PUEDO ORAR...
Te amo, Señor. Quiero amarte de todo corazón el resto de mi vida.

LOS SALMOS NOS AYUDAN A ALABAR A DIOS

Dios es tan grande que es digno de toda nuestra adoración. Pero nuestros corazones a veces son lentos en darle a Dios la alabanza que merece. Los salmos nos ayudan a alabar a Dios por ser un gran Dios.

«Que todo lo que soy alabe al Señor; con todo el corazón alabaré su santo nombre.

Que todo lo que soy alabe al Señor; que nunca olvide todas las cosas buenas que hace por mí.

Él perdona todos mis pecados y sana todas mis enfermedades.

Me redime de la muerte y me corona de amor y tiernas misericordias.

Colma mi vida de cosas buenas».

SALMO 103:1-5

PUEDO ORAR...

Señor, quiero alabarte con todo lo que soy.
¡Tu grandeza llena el mundo entero!

LOS SALMOS NOS AYUDAN A AGRADECERLE A DIOS

Todo lo bueno que disfrutamos nos lo ha dado Dios. ¡Así que, él merece nuestra gratitud! Los salmos nos recuerdan todo lo que Dios nos provee. Nos dan palabras para decirle a Dios cuán agradecidos estamos por todo lo que él ha hecho por nosotros.

«¡Te damos gracias, oh Dios! Te damos gracias porque estás cerca».

SALMO 75:1

«Te doy gracias por contestar mi oración».

SALMO 118:21

«¡Gracias por hacerme tan maravillosamente complejo! Tu fino trabajo es maravilloso, lo sé muy bien».

SALMO 139:14

«Me diste una herencia reservada para los que temen tu nombre».

SALMO 61:5

GRACIAS
PUEDO ORAR...
Tengo tantas cosas por las que darte gracias, Señor. Quiero pasar el resto de mi vida dándote las gracias.

LOS SALMOS NOS AYUDAN A PEDIRLE A DIOS LO QUE MÁS NECESITAMOS

Creemos que sabemos lo que necesitamos de Dios. Pero a veces las cosas que pensamos que necesitamos no son lo que más necesitamos. Los salmos nos ayudan a pedirle a Dios las mejores cosas que él puede darnos.

«Muéstrame la senda correcta, oh Señor;
señálame el camino que debo seguir.

Guíame con tu verdad y enséñame,
porque tú eres el Dios que me salva».

SALMO 25:4-5

«Lo único que le pido al Señor —lo que más anhelo— es vivir en la casa del Señor todos los días de mi vida, deleitándome en la perfección del Señor y meditando dentro de su templo».

SALMO 27:4

«Enséñame tus caminos, oh Señor,
para que viva de acuerdo con tu verdad.

Concédeme pureza de corazón,
para que te honre».

SALMO 86:11

PUEDO ORAR...

Señor, ¡tú eres lo que más necesito!
Enséñame cómo vivir para ti.

LOS SALMOS NOS AYUDAN A ESPERAR EN DIOS

Vivir la vida en este mundo puede ser difícil. Cuando ocurren cosas malas, podemos comenzar a preguntarnos si Dios en verdad está escuchando nuestras oraciones y si en verdad podemos depender de él. Los salmos nos ayudan a recordar que se puede confiar en Dios, ¡porque a veces se nos olvida!

«¿Por qué estoy desanimado? ¿Por qué está tan triste mi corazón?

¡Pondré mi esperanza en Dios! Nuevamente lo alabaré, ¡mi Salvador y mi Dios!».

SALMO 42:5-6

«Nosotros ponemos nuestra esperanza en el Señor; él es nuestra ayuda y nuestro escudo.

En él se alegra nuestro corazón, porque confiamos en su santo nombre.

Que tu amor inagotable nos rodee, Señor, porque solo en ti está nuestra esperanza».

SALMO 33:20-22

PUEDO ORAR...

Cuando esté desanimado, Señor, pondré mi esperanza en ti.

LOS SALMOS NOS AYUDAN A AMAR LA PALABRA DE DIOS

La Biblia es el libro más importante jamás escrito. Dios nos habla a través de las palabras de la Biblia. Por eso es que necesitamos leer sus palabras. Cuando oramos el Salmo 19, nos recuerda todas las cosas buenas que Dios hace por nosotros a través de su Palabra.

«Las enseñanzas del Señor son perfectas;
reavivan el alma.

Los decretos del Señor son confiables;
hacen sabio al sencillo.

Los mandamientos del Señor son rectos;
traen alegría al corazón.

Los mandatos del Señor son claros;
dan buena percepción para vivir.

La reverencia al Señor es pura;
permanece para siempre.

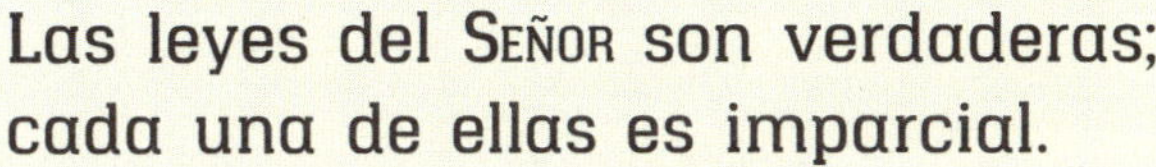

Las leyes del Señor son verdaderas;
cada una de ellas es imparcial.

Son más deseables que el oro,
incluso que el oro más puro.

Son más dulces que la miel,
incluso que la miel que gotea del panal».

SALMO 19:7-10

PUEDO ORAR...

Señor, tu Palabra es buena y verdadera. Gracias por la Biblia que me muestra quién eres tú y cómo vivir.

LOS SALMOS NOS AYUDAN A ENTENDER LA BONDAD DE DIOS

A veces, cuando leemos sobre Dios en la Biblia, puede parecer que él está muy por encima y muy lejos de nosotros. Pero cuando oramos el Salmo 23, nos ayuda a decirle a Dios lo contentos que estamos porque él nos cuida.

«El Señor es mi pastor; tengo todo lo que necesito.

En verdes prados me deja descansar; me conduce junto a arroyos tranquilos.

Él renueva mis fuerzas. Me guía por sendas correctas, y así da honra a su nombre.

Aun cuando yo pase por el valle más oscuro, no temeré, porque tú estás a mi lado. Tu vara y tu cayado me protegen y me confortan.

Me preparas un banquete en presencia de mis enemigos.

Me honras ungiendo mi cabeza con aceite. Mi copa se desborda de bendiciones.

Ciertamente tu bondad y tu amor inagotable me seguirán todos los días de mi vida, y en la casa del Señor viviré por siempre».

SALMO 23

PUEDO ORAR...

Señor, tú cuidas de mí, ¡y por eso tengo todo lo que necesito ahora y por el resto de mi vida!

LOS SALMOS NOS AYUDAN A CREER QUE DIOS NOS CONOCE

Otras veces, es difícil creer que Dios sabe todo de nosotros. Los salmos nos ayudan a creer que Dios nos conoce aún mejor que nosotros mismos. Nos conocía antes de nacer, y sabe lo que ocurrirá en nuestro futuro.

«Oh Señor, has examinado mi corazón
y sabes todo acerca de mí.

Sabes cuándo me siento y cuándo me levanto; conoces
mis pensamientos, aun cuando me encuentro lejos.

Me ves cuando viajo y cuando descanso en casa.
Sabes todo lo que hago.

Sabes lo que voy a decir incluso antes de que lo diga, Señor.

Vas delante y detrás de mí. Pones tu mano de bendición
sobre mi cabeza.

Semejante conocimiento es demasiado maravilloso para mí;
¡es tan elevado que no puedo entenderlo! [...]

Tú creaste las delicadas partes internas de mi cuerpo
y me entretejiste en el vientre de mi madre.

¡Gracias por hacerme tan maravillosamente complejo!
Tu fino trabajo es maravilloso, lo sé muy bien.

Tú me observabas mientras iba cobrando
forma en secreto, mientras se entretejían mis partes
en la oscuridad de la matriz.

Me viste antes de que naciera. Cada día de mi vida
estaba registrado en tu libro.

Cada momento fue diseñado antes de que
un solo día pasara.

Qué preciosos son tus pensamientos acerca de mí,
oh Dios. ¡No se pueden enumerar!

Ni siquiera puedo contarlos; ¡suman más que
los granos de la arena!

Y cuando despierto, ¡todavía estás conmigo!».

SALMO 139:1-6, 13-18

PUEDO ORAR...

Examíname y conoce mi
corazón, Señor.
Muéstrame lo que te ofende.
Guíame por el camino que
conduce a ti.

JESÚS NOS ENSEÑA A ORAR

A JESÚS LE ENCANTABA ORAR

A Jesús le encantaba hablar con su Padre acerca de todo. Oraba temprano en la mañana y tarde en la noche. Oraba a solas y con otras personas. Oraba en el desierto y en lo alto de un monte. Oraba antes de comer y a lo largo del día. La oración era una parte de todo en la vida para Jesús.

«A la mañana siguiente, antes del amanecer, Jesús se levantó y fue a un lugar aislado para orar».

MARCOS 1:35

«Jesús subió a un monte a orar y oró a Dios toda la noche».

LUCAS 6:12

Jesús nos enseña lo que es una vida de oración. Mientras más oramos, más queremos hablar con Dios sobre todo, como lo hacía Jesús.

«Mañana, tarde y noche clamo en medio de mi angustia, y el Señor oye mi voz».

SALMO 55:17

PUEDO ORAR...

Padre, quiero comenzar y terminar todos mis días hablando contigo.

NECESITAMOS QUE SE NOS ENSEÑE A ORAR

La oración no es algo que nacemos sabiendo hacer. Se nos tiene que enseñar a orar. El mejor maestro es Jesús mismo. Él nos enseña usando una oración que suele llamarse el «Padrenuestro».

Pero en realidad no es su oración. Es una oración que nos muestra cómo debemos orar y por qué cosas debemos orar. También nos muestra que nuestras oraciones no tienen ni que ser largas ni usar palabras especiales. Jesús dice:

«Ora de la siguiente manera:

Padre nuestro que estás en el cielo,
que sea siempre santo tu nombre.

Que tu reino venga pronto.

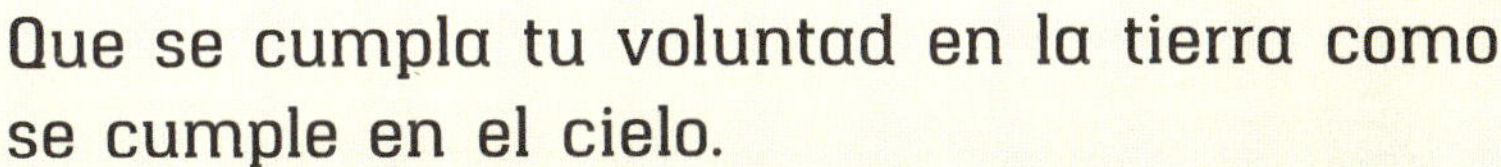

Que se cumpla tu voluntad en la tierra como se cumple en el cielo.

Danos hoy el alimento que necesitamos, y perdónanos nuestros pecados, así como hemos perdonado a los que pecan contra nosotros.

No permitas que cedamos ante la tentación, sino rescátanos del maligno».

MATEO 6:9-13

PUEDO ORAR...

Padre, apenas estoy aprendiendo a orar. Gracias por la Biblia que me enseña cómo orar.

JESÚS NOS ENSEÑA A ORARLE A NUESTRO PADRE QUE ESTÁ EN EL CIELO

Jesús nos llama sus hermanos y hermanas, y nos invita a orarle a su Padre como nuestro Padre.

«Ora de la siguiente manera:
Padre nuestro que estás en el cielo».
MATEO 6:9

Dios es un Padre que recibe, ama y responde a sus hijos. Es nuestro Padre que vive en el cielo. Esto nos recuerda que no está limitado por nuestro tiempo y espacio. Él gobierna toda la tierra desde el cielo. Aunque está en el cielo, escucha las oraciones de todos sus hijos. Él está listo para ayudarnos, y es capaz de hacerlo.

«Miren con cuánto amor nos ama nuestro Padre que nos llama sus hijos, ¡y eso es lo que somos!».
1 JUAN 3:1

PUEDO ORAR...

Padre que estás en el cielo, me encanta ser tu hijo.

JESÚS NOS ENSEÑA A ORAR QUE EL NOMBRE DE DIOS SEA ALABADO

En vez de comenzar nuestras oraciones diciéndole a Dios lo que queremos, Jesús nos enseña a comenzar nuestras oraciones diciéndole a Dios cuán grande es.

«Que sea siempre santo tu nombre».
MATEO 6:9

Dios es santo, y eso significa que no es común y corriente. Él es más grande que cualquier persona y que cualquier cosa. Él siempre hace lo correcto. Cuando oramos que sea siempre santo su nombre, le estamos pidiendo a Dios que se revele tal como él es, para que sea honrado por todas las personas en todo lugar.

«¡Que todo el honor y toda la gloria sean para Dios por siempre y para siempre! Él es el Rey eterno, el invisible que nunca muere; solamente él es Dios. Amén».
1 TIMOTEO 1:17

PUEDO ORAR...

Padre, quiero que todo lo que yo haga te dé gloria a ti.

JESÚS NOS ENSEÑA A ORAR QUE VENGA EL REINO DE DIOS

Nuestro Padre es un gran Rey. Y él es un Rey bueno. Él nos ha prometido que un día vendrá a esta tierra como Rey.

Cuando él regrese, todo lo que en este mundo se ha torcido será enderezado. Él lo renovará todo. Ya no habrá más maldad, dolor o muerte.

Jesús nos enseña a pedirle a Dios que venga y gobierne sobre todas las cosas y cada persona. ¡Y él lo hará algún día!

«Que tu reino venga pronto».
MATEO 6:10

Cuando obedecemos a Dios ahora, su reino viene a nosotros. Cuando les compartimos a los demás cuán bueno es Dios y ellos comienzan a obedecerlo, su reino viene a ellos también.

PUEDO ORAR...

Padre, ¡que tu reino venga a esta tierra muy pronto! ¡Tengo tantas ganas de que tú renueves todas las cosas!

JESÚS NOS ENSEÑA A ORAR QUE SE CUMPLA LA VOLUNTAD DE DIOS

En el cielo, Dios está rodeado de ángeles que hacen exactamente lo que él quiere que hagan. Todo en el cielo es exactamente como Dios quiere que sea. Jesús nos enseña a orar que sea así también en la tierra.

«Que se cumpla tu voluntad en la tierra como se cumple en el cielo».
MATEO 6:10

Cuando oramos que se cumpla la voluntad de Dios, recordamos que no oramos para intentar conseguir que Dios haga lo que nosotros queremos. Más bien, oramos para decirle a Dios que ¡queremos que haga lo que él quiera hacer! Podemos orar así porque sabemos que los planes de Dios para nosotros y para el mundo son los mejores.

PUEDO ORAR...

Padre, que se cumpla tu voluntad en mi vida como se cumple en el cielo.

JESÚS NOS ENSEÑA A PEDIRLE A DIOS LO QUE NECESITAMOS

Dios es un buen Padre a quien le encanta cuidar de sus hijos. Está feliz cuando le pedimos que nos provea lo que necesitamos. Jesús nos enseña a pedirle a Dios que nos dé lo que necesitamos cada día.

«Danos hoy el alimento que necesitamos».
MATEO 6:11

A veces queremos que Dios nos dé ahora mismo todo lo que necesitaremos en la vida. Pero Dios quiere que dependamos de que él nos dará lo que necesitamos hoy y que regresemos mañana para pedirle lo que necesitemos entonces. Él quiere que confiemos en que él cuidará de nosotros día tras día.

«Dios proveerá con generosidad todo lo que necesiten. Entonces siempre tendrán todo lo necesario y habrá bastante de sobra para compartir con otros».

2 CORINTIOS 9:8

PUEDO ORAR...

Padre, por favor dame todo lo que necesito para este día. Y gracias porque puedo pedirte lo mismo mañana.

JESÚS NOS ENSEÑA A PEDIRLE A DIOS QUE PERDONE NUESTROS PECADOS

Aunque queremos agradar a Dios, aun así hacemos cosas malas a veces. Jesús nos enseña a acudir a nuestro Padre y decirle lo que hemos hecho.

«Perdónanos nuestros pecados, así como hemos perdonado a los que pecan contra nosotros».

MATEO 6:12

Nuestro Padre es experto en perdonarnos y ayudarnos a querer vivir de una manera que le agrade a él. Cuando sabemos que Dios nos ha perdonado, eso nos cambia para que seamos capaces de perdonar a otras personas que nos han herido.

«Cuando estén orando, primero perdonen a todo aquel contra quien guarden rencor, para que su Padre que está en el cielo también les perdone a ustedes sus pecados».

MARCOS 11:25

PUEDO ORAR...

Padre, así como tú me has perdonado por pecar contra ti, ayúdame a perdonar a quienes pecan contra mí.

JESÚS NOS ENSEÑA A PEDIRLE A DIOS QUE NOS GUARDE DEL PECADO

Dios nuestro Padre nos ama y siempre está haciendo cosas buenas por nosotros. Pero hay otro poder en el mundo. Jesús lo llama «el maligno». Y siempre está intentando hacernos daño.

El maligno nos tienta a hacer cosas que están mal. Nos dice que no necesitamos a Dios para ser felices. Pero nos está mintiendo. Así que, Jesús nos enseña a orar:

«No permitas que cedamos ante la tentación, sino rescátanos del maligno».

MATEO 6:13

Jesús nos enseña a pedirle a Dios el poder para decir que «no» cuando seamos tentados a hacer lo malo.

PUEDO ORAR...

Padre, por favor ayúdame a detenerme y acudir a ti cuando sea tentado a hacer lo malo.

JESÚS NOS ENSEÑA A ORAR EN SU NOMBRE

Jesús nos enseña a usar su nombre cuando oremos al Padre. Él dice:

«Pueden pedir cualquier cosa en mi nombre, y yo la haré».

JUAN 14:13

Orar en el nombre de Jesús significa que nos unimos a Jesús por la fe y que oramos por lo que Jesús mismo oraría. No le estamos pidiendo a Dios que oiga y responda a nuestra oración porque hemos sido buenos. Más bien, le pedimos a Dios que escuche y responda a nuestra oración porque Jesús vivió una vida perfectamente buena y nos ha dado su perfecto registro de bondad.

«Así que acerquémonos con toda confianza al trono de la gracia de nuestro Dios. Allí recibiremos su misericordia y encontraremos la gracia que nos ayudará cuando más la necesitemos».
HEBREOS 4:16

PUEDO ORAR...

Padre, sé que es porque Jesús fue castigado por mi pecado y me dio su perfecta bondad que tú puedes escuchar mi oración.

JESÚS PROMETE QUE, SI SU PALABRA ESTÁ EN NOSOTROS, PODEMOS PEDIR CUALQUIER COSA

Al leer la Biblia, las palabras de Dios se convierten en parte de nosotros. Escuchamos lo que él nos dice, y comenzamos a querer lo que él quiere. Eso significa que nuestras oraciones le piden a Dios lo que sabemos que él quiere darnos.

«Si ustedes permanecen en mí y mis palabras permanecen en ustedes, pueden pedir lo que quieran, ¡y les será concedido!».

JUAN 15:7

Cuando le pedimos a Dios que haga lo que dice que hará en la Biblia, ¡podemos estar seguros de que lo hará!

PUEDO ORAR...

Padre, me encanta leer la Biblia. Me ayuda a querer lo que tú quieres.

JESÚS NOS ENSEÑA A ORAR POR LA VOLUNTAD DE DIOS

Jesús nos enseña a orar cuando nos estamos enfrentando a algo muy difícil. La noche antes de morir en la cruz, Jesús oró:

«¡Padre mío! Si es posible, que pase de mí esta copa de sufrimiento. Sin embargo, quiero que se haga tu voluntad, no la mía».

MATEO 26:39

Jesús no quería sufrir una muerte dolorosa en la cruz si había otra manera en que Dios pudiera tratar con los pecados de su pueblo. Le pidió a su Padre que, si era posible, lo hiciera de otro modo. Más que cualquier otra cosa, sin embargo, Jesús quería hacer lo que quisiera Dios el Padre. Jesús confiaba en que su Padre haría lo correcto.

PUEDO ORAR...

Padre, tú sabes qué es mejor. Confío en que harás lo correcto, incluso cuando sea difícil para mí.

JESÚS NOS ASEGURA QUE A SU PADRE LE ENCANTA DARNOS BUENOS REGALOS

Ya que los padres aman a sus hijos, les da mucho gusto darles buenos regalos. Ya que Dios nos ama aún más, le da mucho gusto darnos el mejor regalo de todos. Como dijo Jesús:

> **«Así que si ustedes, gente pecadora, saben dar buenos regalos a sus hijos, cuánto más su Padre celestial dará el Espíritu Santo a quienes lo pidan».**
>
> **LUCAS 11:13**

Jesús nos dice exactamente cuál es el buen regalo que nuestro Padre del cielo quiere darnos: el Espíritu Santo. El Espíritu Santo es lo mejor que Dios puede darnos. Cuando Dios nos da el Espíritu Santo, él comienza a cambiar nuestro interior.

«La clase de fruto que el Espíritu Santo produce en nuestra vida es: amor, alegría, paz, paciencia, gentileza, bondad, fidelidad, humildad y control propio».

GÁLATAS 5:22-23

PUEDO ORAR...

Padre, quiero el mejor regalo que puedes darme. Por favor, dame al Espíritu Santo.

¡OREMOS!

OREMOS QUE DIOS BENDIGA A OTRAS PERSONAS

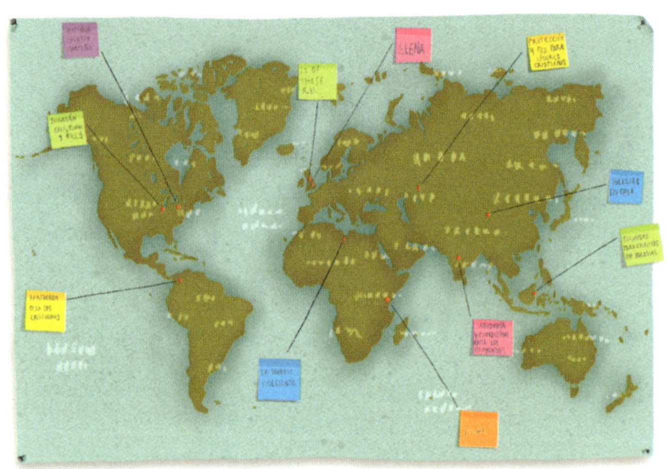

Como sabemos que Dios es poderoso y amoroso, oremos que haga las cosas que solo él puede hacer en las vidas de las personas que queremos.

«En primer lugar, te ruego que ores por todos los seres humanos. Pídele a Dios que los ayude; intercede en su favor, y da gracias por ellos».

1 TIMOTEO 2:1

Oramos por otras personas que aman a Jesús, pidiéndole a Dios que las ayude a amarlo más.

Oramos por quienes no conocen a Jesús, pidiéndole a Dios que las atraiga a él.

Oramos por personas que sirven a Jesús en sus trabajos, pidiéndole a Dios que las ayude a trabajar del modo que a él le agrade.

Oramos por personas que sirven a Jesús en lugares lejanos, pidiéndole a Dios que las ayude a dejarles claro el evangelio a quienes las rodean.

Oramos por nuestros maestros y líderes, pidiéndole a Dios que les dé su sabiduría.

Oramos por nuestros amigos y nuestros familiares, pidiéndole a Dios que supla todas sus necesidades.

Oramos incluso por personas a las que no parecemos caerles bien y son groseras con nosotros, pidiéndole a Dios que las bendiga.

PREGUNTA:

¿Por quién puedes orar para que ame más a Jesús?
¿Por quién puedes orar para que empiece a amar a Jesús?
¿Por quién puedes orar para que sirva bien a Jesús en su trabajo?
¿Por quién que sirve a Jesús en un lugar lejano puedes orar?
¿Quiénes son tus maestros y líderes por los que puedes orar?
¿Quiénes son los amigos y familiares por los que puedes orar?
¿Quiénes son algunas personas que han sido groseras contigo pero por quienes podrías pedir la bendición de Dios?

OREMOS QUE DIOS SANE A LOS ENFERMOS

Dios es un sanador. Él es quien hizo nuestros cuerpos, y él es quien sana nuestros cuerpos. Así que, cuando quienes amamos están enfermos, debemos orar y pedirle a Dios que los sane.

«¿Alguno de ustedes está pasando por dificultades? Que ore. ¿Alguno está feliz? Que cante alabanzas. ¿Alguno está enfermo? Que llame a los ancianos de la iglesia, para que vengan y oren por él y lo unjan con aceite en el nombre del Señor».

SANTIAGO 5:13-14

Dios a veces responde a nuestras oraciones por los enfermos haciendo que se pongan bien. Otras veces, permite que sigan enfermos. Y Dios a veces responde a nuestras oraciones por quienes están enfermos al recibirlos en su presencia en el cielo.

¡Hola!
BEN

Nos sentimos tristes cuando las personas mueren. Y eso no tiene nada de malo. Pero cuando muere una persona que conoce a Jesús, podemos estar seguros de que esa persona está a salvo y feliz con Jesús.

«Sí, estamos plenamente confiados, y preferiríamos estar fuera de este cuerpo terrenal porque entonces estaríamos en el hogar celestial con el Señor».

2 CORINTIOS 5:8

Cuando alguien está triste porque alguien que ama ha muerto, podemos orar que sea consolado por la verdad del evangelio y la presencia de Dios.

PREGUNTA:

¿A quién conoces que esté enfermo y que sea alguien por quien puedes orar? ¿Por quién puedes orar que esté triste porque alguien que ama ha muerto?

PIDÁMOSLE A DIOS LA AYUDA QUE NECESITAMOS

Todos necesitamos ayuda. ¡Y a Dios le encanta que le pidamos la ayuda que necesitamos! Dios puede ayudarnos a ser más como Jesús. Dios puede ayudarnos a amar a los demás como él lo hace. Dios puede ayudarnos a entender su palabra en la Biblia.

«Que todos los que buscan la ayuda de Dios reciban ánimo».
SALMO 69:32

A veces, le pedimos ayuda a alguien más, pero no quiere ayudarnos, o se cansa de ayudarnos. Pero Dios siempre quiere ayudarnos. Él nunca se cansa de oírnos pedirle ayuda. Así que, ¡pidámosle a Dios la ayuda que necesitamos!

PREGUNTA:

¿En qué área de tu vida necesitas la ayuda de Dios ahorita?

OREMOS QUE SEAMOS MÁS COMO JESÚS

Cuando nos apartamos de nuestro pecado y seguimos a Jesús, él comienza a cambiarnos por dentro para que seamos más como él. Eso no ocurre ni en un día ni en una semana y ni siquiera en un año. Ocurre a lo largo de una vida entera.

Oremos que sigamos asemejándonos más y más a Jesús al amarlo y seguirlo durante los años de nuestras vidas.

«Le pido a Dios que el amor de ustedes desborde cada vez más y que sigan creciendo en conocimiento y entendimiento».

FILIPENSES 1:9

Para ayudarnos a ser más como Jesús, pidámosle a Dios que nos siga dando nuevas oportunidades para confiar en él. Sigamos leyendo y estudiando la Biblia para poder seguir aprendiendo más sobre Dios y amando más a Dios.

PUEDO ORAR...

Padre, quiero ser más como Jesús. Al cumplir años, por favor ayúdame a cultivar mi conocimiento de Jesús, mi amor por Jesús y mi vida para Jesús.

OREMOS POR EL PODER PARA VIVIR POR FE

Cuando estamos unidos a Jesús, él nos da el deseo de vivir de manera que le agrade. Descubrimos que queremos ayudar a los demás y compartir la Buena Noticia acerca de Jesús con otras personas. Queremos obedecer a Dios, incluso cuando sea difícil. Dios nos da la fortaleza que necesitamos para hacer todas las cosas que él quiere que hagamos.

«También pedimos que se fortalezcan con todo el glorioso poder de Dios para que tengan toda la constancia y la paciencia que necesitan».

COLOSENSES 1:11

Cuando la pidamos, Dios nos dará la fortaleza que necesitamos para estar contentos cuando no tenemos todo lo que nos gustaría tener. Nos dará la fortaleza para amar a los demás incluso cuando sean difíciles de amar. Él nos dará la fortaleza para seguir haciendo lo correcto incluso cuando sería más fácil darnos por vencidos. Así que, ¡oremos por ese poder!

PREGUNTA:

¿En qué necesitas pedirle a Dios ayuda hoy?

OREMOS POR SABIDURÍA

Tenemos que tomar muchas decisiones al vivir en este mundo. A veces no estamos seguros de qué es lo correcto. Necesitamos la sabiduría de Dios para saber qué hacer. Dios ha prometido que, si oramos por sabiduría, él nos la dará.

«Si necesitan sabiduría, pídansela a nuestro generoso Dios, y él se la dará; no los reprenderá por pedirla».
SANTIAGO 1:5

No tenemos que esperar a ser más grandes para ser sabios. Dios les da sabiduría a los niños que se la piden, para que sepan qué hacer.

«Le pedimos a Dios que les dé pleno conocimiento de su voluntad y que les conceda sabiduría y comprensión espiritual».
COLOSENSES 1:9

PUEDO ORAR...

Padre, no solo quiero cumplir años... también quiero hacerme más sabio. Por favor, hazme sabio como Jesús.

OREMOS EN VEZ DE PREOCUPARNOS

A veces, no dejamos de pensar en nuestros problemas o en nuestros temores de que ocurrirá algo malo. Cuando tales pensamientos llenan nuestras mentes, podemos orar.

«Pongan todas sus preocupaciones y ansiedades en las manos de Dios, porque él cuida de ustedes».

1 PEDRO 5:7

La manera de entregarle a Dios nuestras preocupaciones es a través de la oración. Así como tomamos nuestros juguetes uno por uno y los ponemos en nuestra caja de juguetes, podemos nombrar nuestras preocupaciones una por una y dárselas a Dios. Podemos entregarle nuestras preocupaciones porque sabemos que a él le importa lo que nos preocupa. Cuando le damos nuestras preocupaciones y confiamos en que él nos cuida, él nos da su paz para que ya no tengamos que preocuparnos más.

PREGUNTA:

¿Hay cosas que te preocupan y que puedes darle a Dios en oración?

OREMOS QUE PODAMOS HABLARLES A LOS DEMÁS DE JESÚS

Hay muchas personas que no saben nada de Jesús. Nunca han escuchado o nunca han comprendido en verdad quién es Jesús y cuánto necesitan que él les quite su pecado y les dé nueva vida.

Pero no siempre es fácil compartirles a los demás acerca de Jesús. Tenemos que pedir la ayuda de Dios para hacerlo.

«Oren también por nosotros, para que Dios nos dé muchas oportunidades para hablar de su misterioso plan acerca de Cristo».

COLOSENSES 4:3

¡A Dios le encanta que la gente lo conozca! ¡Le encanta salvar! Podemos estar seguros de que, cuando oremos y le pidamos que nos dé las palabras para hablarle a alguien acerca de Jesús, él lo hará. Oremos y después estemos listos para hablarles de Jesús a nuestros amigos.

PUEDO ORAR...

Padre, por favor dame las palabras y la valentía que necesito para compartirles a los demás de Jesús.

OREMOS, PORQUE NUESTRAS ORACIONES IMPORTAN

A veces, las personas no oran o dejan de orar porque creen que la oración no marca ninguna diferencia en lo que Dios hará. Pero Dios nos dice que oremos, y él promete que nuestras oraciones le importan.

«La oración ferviente de una persona justa tiene mucho poder y da resultados maravillosos».
SANTIAGO 5:16

¡Una de las maneras en las que Dios usa nuestras oraciones es para cambiarnos! A veces oramos porque queremos que Dios cambie nuestras circunstancias. ¡Pero puede que Dios quiera cambiarnos a nosotros! Puede que Dios use nuestras oraciones para ayudarnos a cultivar paciencia. Puede que él use nuestras oraciones para enseñarnos a confiar en él en todo.

PUEDO ORAR...

Padre, gracias por usar mis sencillas oraciones para hacer tu obra en el mundo y en mi vida.

FIJEMOS UN TIEMPO PARA ORAR

La mayoría de las personas quieren orar. Aun así, muchas personas nunca se acuerdan de orar. Nuestros días se llenan de muchas cosas y, simplemente, se nos olvida.

Si de verdad queremos orar, fijemos un tiempo y un lugar para orar cada día. Hay quienes ponen su alarma por la mañana y se levantan de la cama para arrodillarse y orar antes de iniciar el día. Hay quienes oran mientras se cepillan los dientes o cuando van en el autobús o en su auto. Hay quienes oran cada noche antes de irse a dormir. Cuando fijamos un tiempo en el que oraremos cada día, la oración se convierte en nuestro modo de vida.

«Señor, escucha mi voz por la mañana; cada mañana llevo a ti mis peticiones y quedo a la espera».

SALMO 5:3

PREGUNTA:

¿En qué momentos podrías orar cada día?

SIGAMOS ORANDO SIN DARNOS NUNCA POR VENCIDOS

A veces oramos por algo una o dos veces, y luego dejamos de hacerlo. Nos desalentamos cuando parece que Dios no actúa enseguida. Pero la Biblia dice que siempre debemos de orar y nunca darnos por vencidos.

«Nunca dejen de orar».
1 TESALONICENSES 5:17

El que parezca que Dios se está tardando en hacer lo que le pedimos no significa que no haya escuchado nuestra oración. A veces tenemos que esperar. Y esperar puede ser difícil. Pero Dios siempre hace lo correcto, y siempre tiene un tiempo perfecto. Así que, ¡oremos y sigamos orando!

PREGUNTA:

¿Estás listo para orar y seguir orando? Puedes hacer esta oración con el salmista:

«Amo al Señor porque escucha mi voz
y mi oración que pide misericordia.
Debido a que él se inclina para escuchar,
¡oraré mientras tenga aliento!».

SALMO 116:1-2

TAMBIÉN DISPONIBLE POR
NANCY GUTHRIE
PARA LOS PADRES

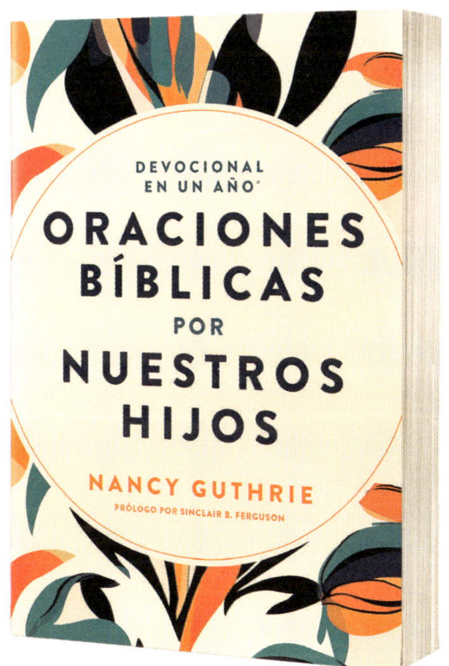

BÚSCALO EN TU LIBRERÍA LOCAL O EN INTERNET

Un libro del autor superventas
Kenneth N. Taylor
para leer con toda la familia.

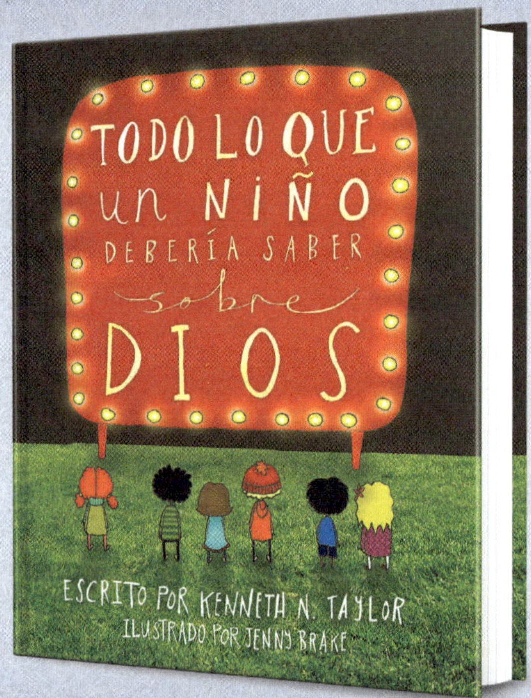

Búscalo en tu librería local o en internet

CP1961